Impressum
Verlag: BABADADA GmbH, Nedderfeld 112 , 22529 Hamburg
Geschäftsführer / Verlagsleitung: Harald Hof
Druck: Books on Demand GmbH, In de Tarpen 42, 22848 Norderstedt

Imprint
Publisher: BABADADA GmbH, Nedderfeld 112 , 22529 Hamburg, Germany
Managing Director / Publishing direction: Harald Hof
Print: Books on Demand GmbH, In de Tarpen 42, 22848 Norderstedt, Germany

ysgol
mekdep

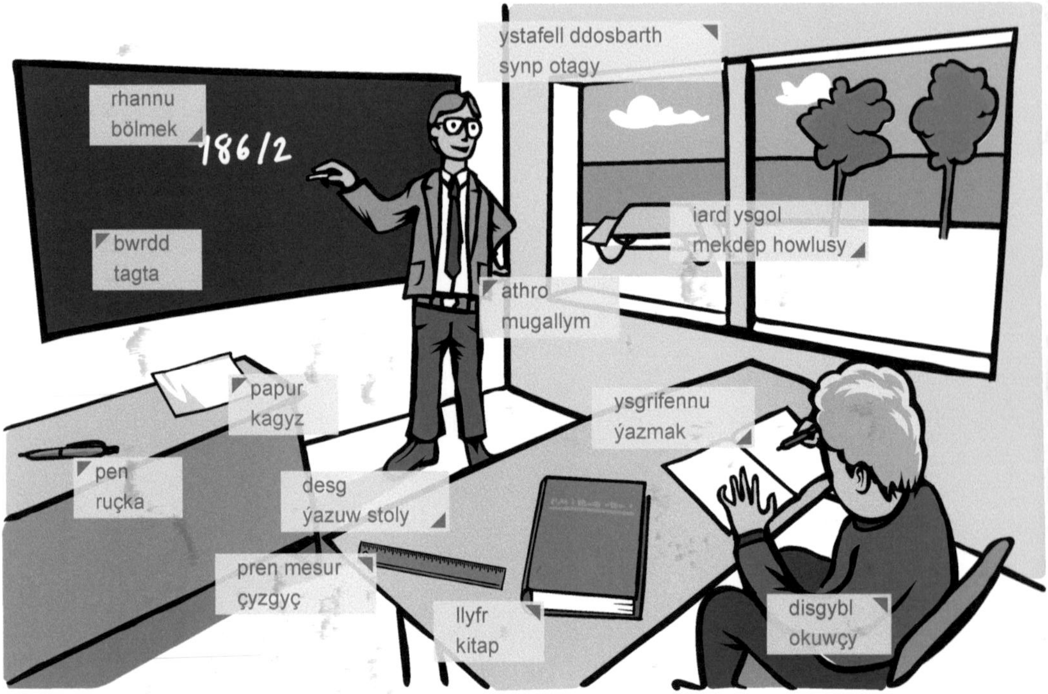

ystafell ddosbarth
synp otagy
rhannu
bölmek
186/2
bwrdd
tagta
iard ysgol
mekdep howlusy
athro
mugallym
papur
kagyz
ysgrifennu
ýazmak
pen
ruçka
desg
ýazuw stoly
pren mesur
çyzgyç
llyfr
kitap
disgybl
okuwçy

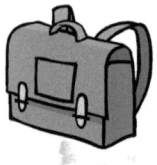

bag ysgol
ranes

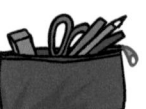

blwch penseli
penal

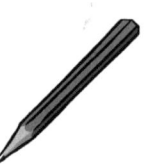

pensil
galam

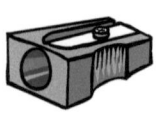

peth rhoi min ar bensil
galam artylýan

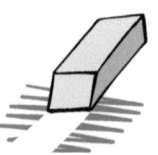

rwber
bozguç

pad arlunio
surat çekmek üçin albom

llun

surat

brws paent

çotgajyk

blwch paent

reňkli guty

siswrn

gaýçy

glud

ýelim

llyfr ysgrifennu

depder

gwaith cartref

öý işi

rhif

san

ychwanegu

goşmak

tynnu

aýyrmak

lluosi

köpeltmek

cyfrifo

hasaplamak

llythyren

harp

gwyddor

elipbiý

gair

söz

testun

tekst

darllen

okamak

sialc

hek

gwers

sapak

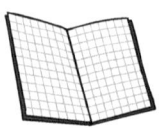

cofrestr

synp dergisi

arholiad

synag

tystysgrif

diplom

gwisg ysgol

mekdep lybasy

addysg

bilim

gwyddoniadur

ensiklopediýa

prifysgol

uniwersitet

microsgop

mikroskop

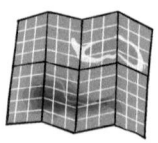

map

karta

basged papur gwastraff

kagyz üçin sebet

teithio
syýahat

gwesty
myhmanhana
hostel
syýahatçylyk bazasy
swyddfa gyfnewid
walýuta çalyşmak üçin bent
cês dillad
çemedan
car
awtomobil

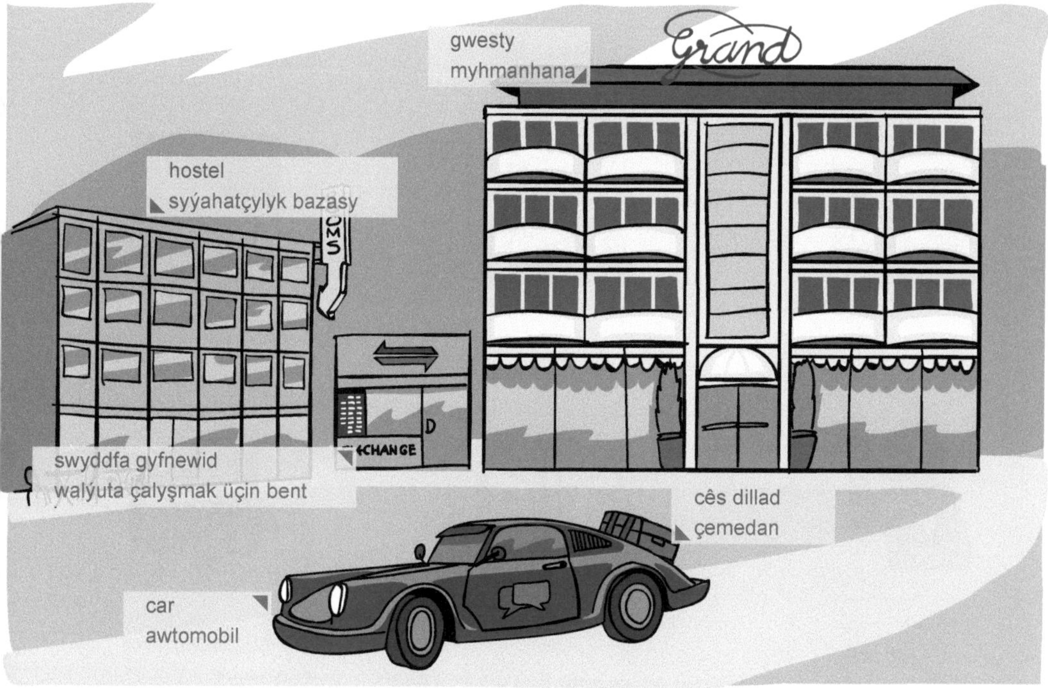

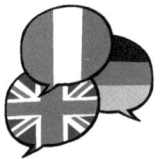

iaith

dil

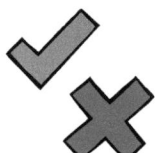

ie / na

hawwa / ýok

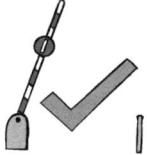

iawn

bolýa

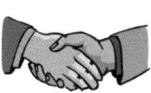

helo

salam

cyfieithydd

terjimeçi

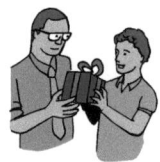

Diolch yn fawr

Minnetdar

faint yw ...?

bahasy näçe?

Dw i ddim yn deall

men düşünmeýärin

problem

mesele

Noswaith dda!

Agşamyňyz haýyr!

Bore da!

Ertiriňiz haýyrly!

Nos da!

Gijäňiz rahat bolsun!

hwyl

görüşýänçäk

cyfarwyddyd

ugur

bagiau

ýük

bag

torba

gwarbac

eginden asylýan torba

gwestai

myhman

ystafell

otag

sach gysgu

halta ýorgan

pabell

çadyr

teithio - syýahat

gwybodaeth i ymwelwyr

syýahatçylyk maglumaty

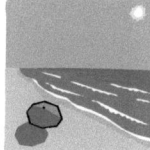

traeth

kenarýaka

cerdyn credyd

karz karty

brecwast

ertirlik

cinio

günortanlyk

swper

agşamlyk

tocyn

petek

lifft

lift

stamp

poçta markasy

ffin

çäk

tollau

gümrük

llysgenhadaeth

ilçihana

fisa

wiza

pasbort

pasport

cludiant
ulag

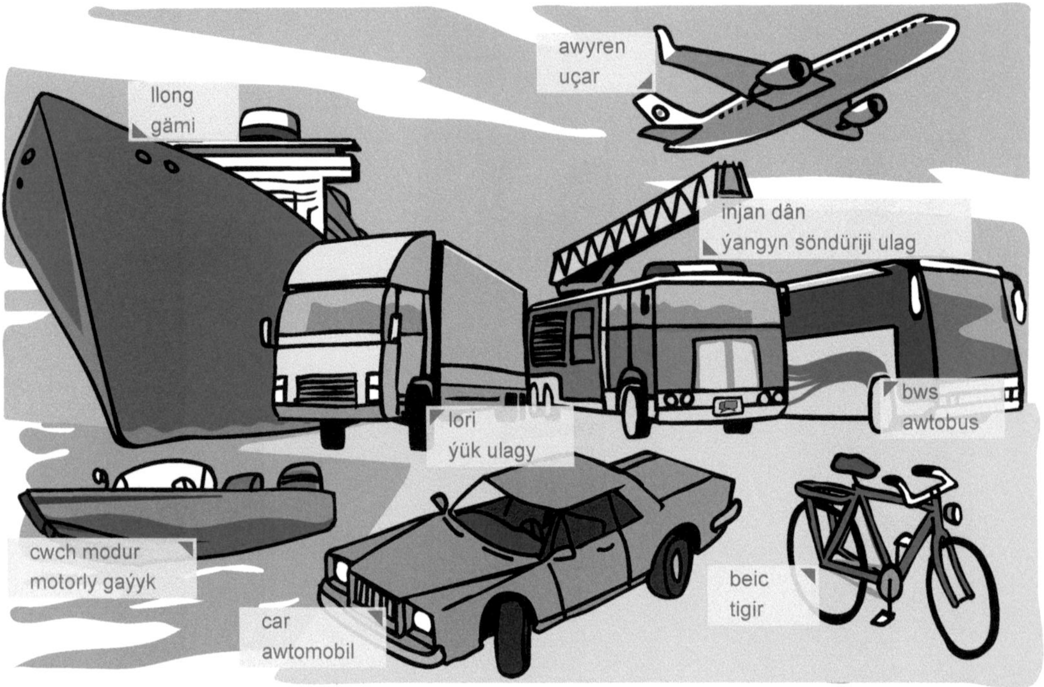
llong
gämi
awyren
uçar
injan dân
ýangyn söndüriji ulag
bws
awtobus
lori
ýük ulagy
cwch modur
motorly gaýyk
beic
tigir
car
awtomobil

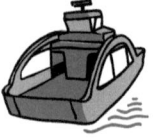

fferi

parom

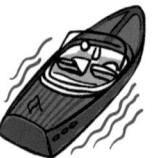

cwch

gaýyk

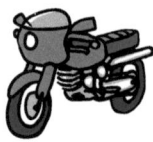

beic modur

motosikl

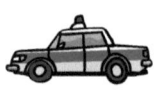

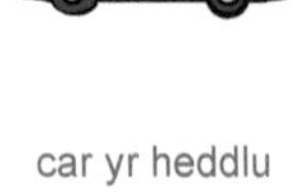

car yr heddlu

polisiýa ulagy

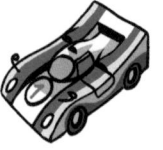

car rasio

çapyşyk

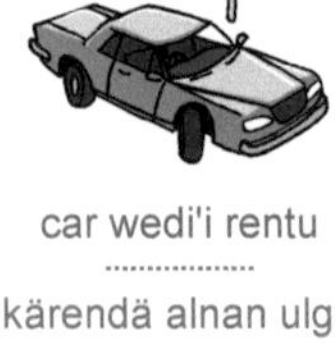

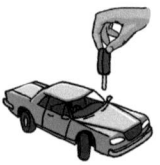

car wedi'i rentu

kärendä alnan ulga

rhannu car

ulagy bilelikde ulanmak

lori tynnu

tirkeg ulagy

lori ysbwriel

zir-zibil daşaýan ulag

modur

hereketlendiriji

tanwydd

ýangyç

gorsaf betrol

guýma

arwydd traffig

ýol belgisi

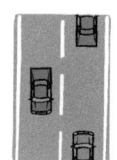

traffig

hereket

tagfa draffig

dyky

maes parcio

awtoduralga

gorsaf drennau

menzil

traciau

seplem

trên

otly

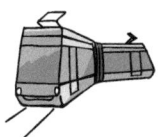

tram

tramwaý

wagen

wagon

hofrennydd

dik uçar

maes awyr

howa menzili

tŵr

minara

teithiwr

ýolagçy

cynhwysydd

konteýner

paced

guty

cert

araba

basged

sebet

esgyn / glanio

uçmak / gonmak

dinas

şäher

pentref

oba

canol y ddinas

şäher merkezi

tŷ

öý

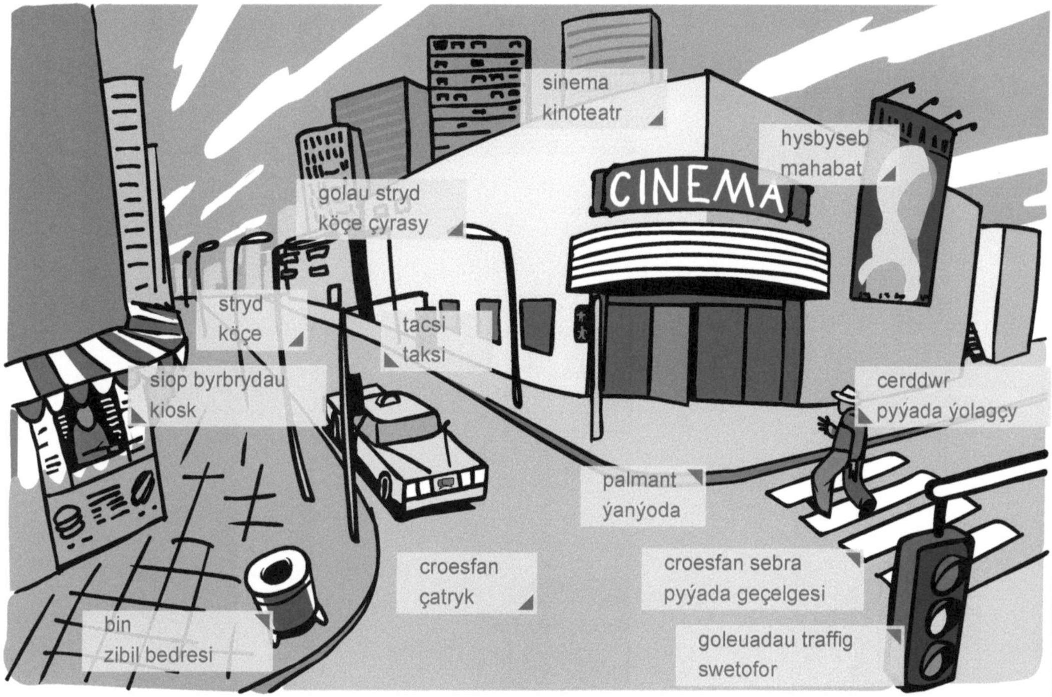
sinema
kinoteatr
hysbyseb
mahabat
CINEMA
golau stryd
köçe çyrasy
stryd
köçe
tacsi
taksi
siop byrbrydau
kiosk
cerddwr
pyýada ýolagçy
palmant
ýanýoda
croesfan
çatryk
croesfan sebra
pyýada geçelgesi
bin
zibil bedresi
goleuadau traffig
swetofor

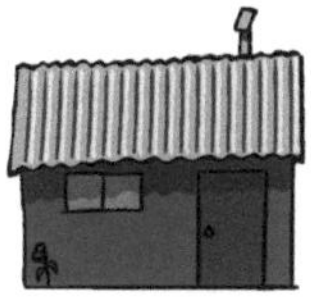

cwt

kepbe

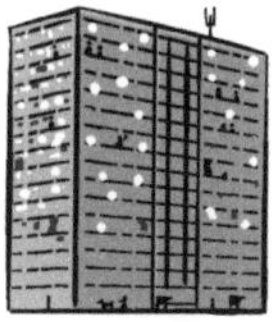

fflat

öý

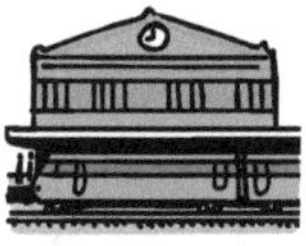

gorsaf drennau

menzil

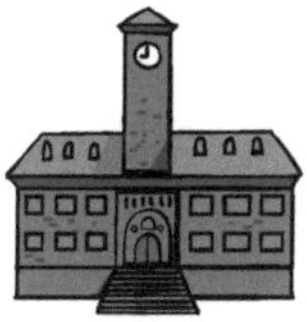

neuadd y dref

şäher häkimligi

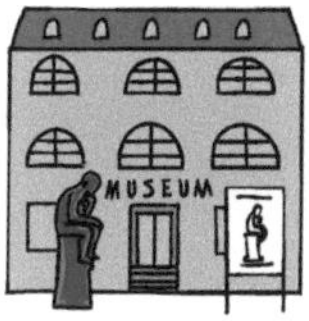
MUSEUM

amgueddfa

muzeý

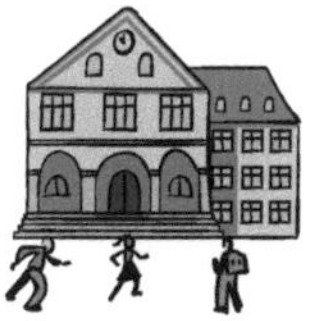

ysgol

mekdep

prifysgol

uniwersitet

banc

bank

ysbyty

hassahana

gwesty

myhmanhana

fferyllfa

dermanhana

swyddfa

ofis

siop lyfrau

kitap dükany

siop

dükan

siop flodau

gül dükany

archfarchnad

supermarket

farchnad

bazar

siop adrannol

uniwermag

siop bysgod

balyk söwdagäri

canolfan siopa

söwda merkezi

harbwr

port

parc
park

banc
oturgyç

pont
köpri

grisiau
merdiwan

rheilffordd danddaearol
metro

twnnel
ötük

safle bws
awtobus

bar
bar

bwyty
restoran

blwch post
poçta gutusy

arwydd stryd
köçäni adyny görkezýän
ýazgy

mesurydd parcio
parkometr

sŵ
haýwanat bagy

pwll nofio
basseýn

mosg
metjit

 fferm
ferma

llygredd
daşky gurşawyň
hapalanmagy

mynwent
gonamçylyk

eglwys
buthana

maes chwarae
çaga meýdançasy

teml
ybadathana

tirwedd
landşaft

deilen
ýaprak

arwydd cyfeirio
ýol görkeziji

ffordd
ýol

dôl
ýaýla

carreg
daş

coeden
agaç

heiciwr
syýahatçy

afon
derýa

glaswellt
ot

blodyn
gül

cwm

dere

bryn

dag

llyn

köl

coedwig

tokaý

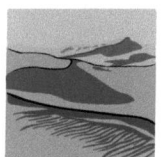

anialwch

çöl

llosgfynydd

wulkan

castell

gulp

enfys

älemgoşar

madarchen

kömelek

palmwydden

palma agajy

mosgito

çybyn

pryf

sinek

morgrugyn

garynja

gwenyn

bal arysy

pryf copyn

möý

chwilen

tomzak

llyffant

gurbaga

gwiwer

awusiýdik

draenog

kirpi

ysgyfarnog

towşan

tylluan

baýguş

aderyn

guş

alarch

guw

baedd

ýekegapan

carw

sugun

elc

los

argae

bent

tyrbin gwynt

şemal generatory

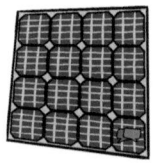

panel haul

gün batareýasy

hinsawdd

howa

bwyty
restoran

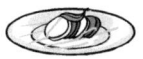

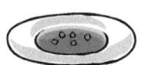

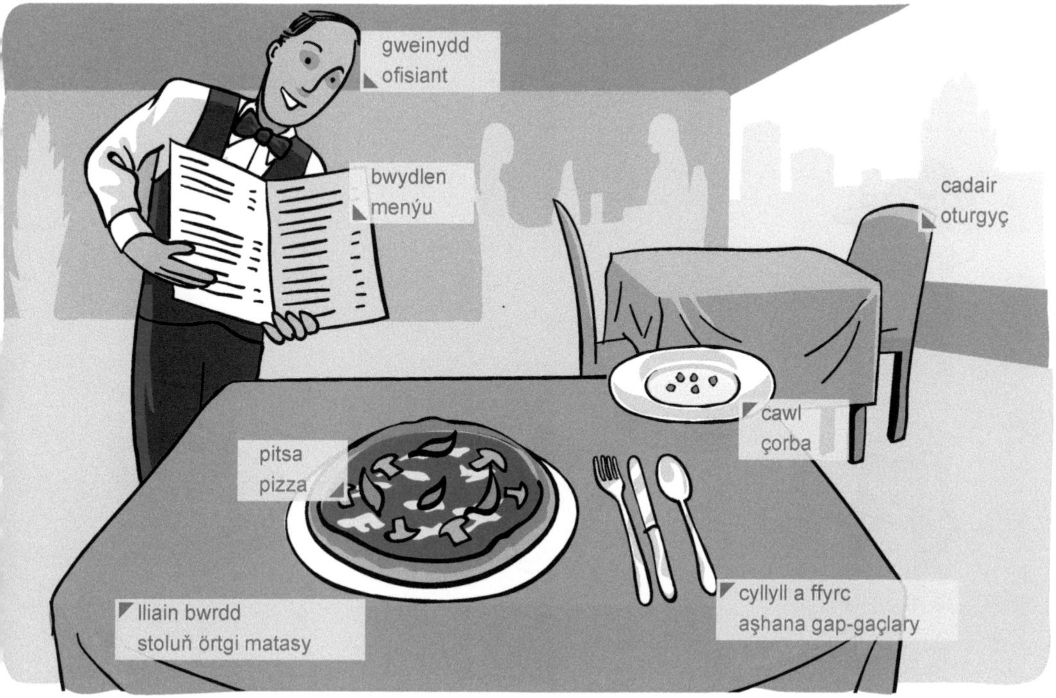
gweinydd
ofisiant
bwydlen
menýu
cadair
oturgyç
cawl
çorba
pitsa
pizza
lliain bwrdd
stoluň örtgi matasy
cyllyll a ffyrc
aşhana gap-gaçlary

cwrs cyntaf

garbanma

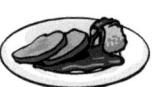

prif gwrs

esasy tagam

pwdin

süýjülik

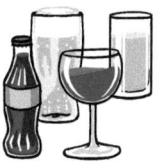

diodydd

içgiler

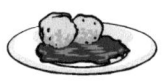

bwyd

nahar

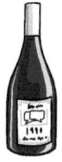

potel

süýşe

bwyd cyflym

tiz tagam

bwyd y stryd

köçe iýmiti

tebot

çäýnek, kitir

powlen siwgr

şeker gaby

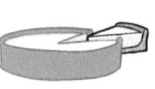

dogn

porsiýa

peiriant espresso

kofe gaýnadyjy

cadair plentyn

çaga oturgyjy

bil

hasap

hambwrdd

mejme

cyllell

pyçak

fforc

çarşak

llwy

çemçe

llwy de

çaý çemçesi

napcyn

salfetka

gwydr

bulgur

plât
....
tarelka

plât cawl
....
çorba tarelkasy

soser
....
tabajyk

saws
....
sous

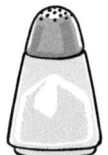

pot halen
....
duz gaby

melin bupur
....
burçy üweýji

finegr
....
sirke

olew
....
ýag

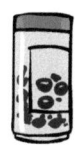

sbeisys
....
huruş

saws coch
....
ketçup

mwstard
....
gorçisa

mayonnaise
....
maýonez

archfarchnad
supermarket

cynnig arbennig
ýörite teklip
FOR
cwsmer
alyjy
cynnyrch llaeth
süýt önümleri
ffrwythau
miweler
troli
satyn alnan zatlar üçin araba

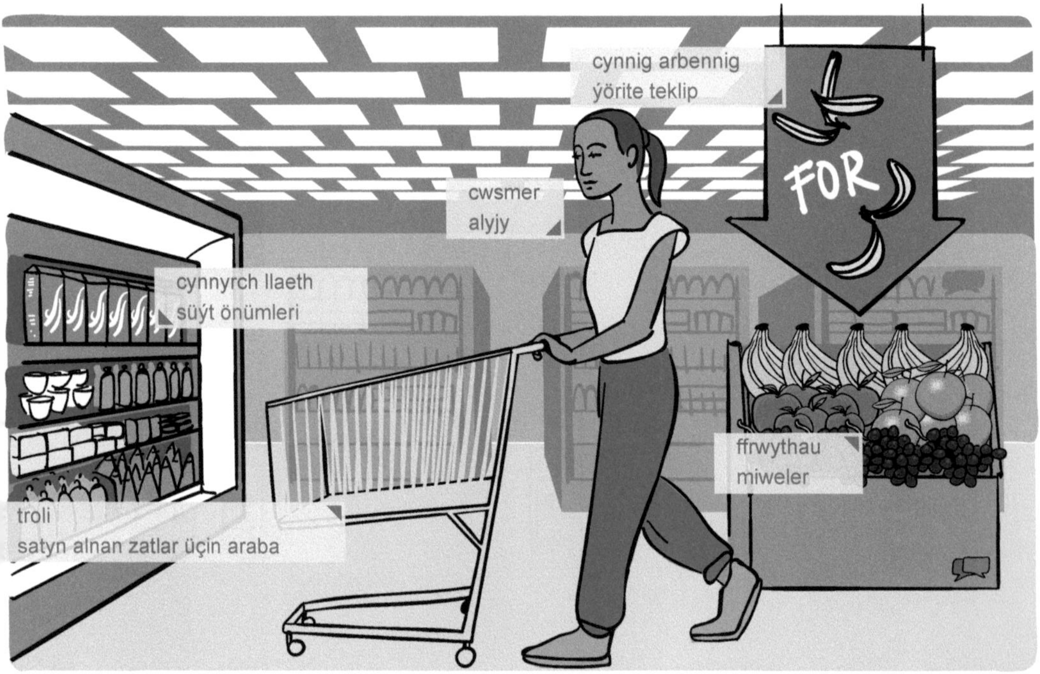

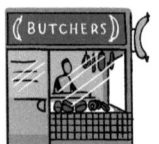

BUTCHERS

siop gig

et dükany

BAKERY

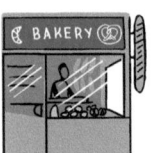

siop fara

çörek kärhanasy

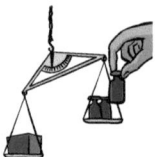

pwyso

ölçemek

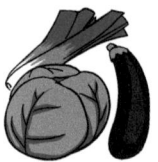

llysiau

gök önümler

cig

et

Bwyd wedi'i rewi

tiz doňýan önümler

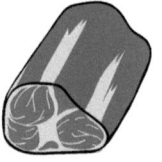

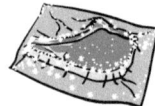

cig oer

kesme

bwyd tun

konserwirlenen önümler

powdr golchi

kir ýuwujy toz

da-da

süýjülikler

cynnyrch cartref

öýde ulanylýan zat

cynhyrchion glanhau

ýuwujy serişde

gwerthwraig

satyjy aýal

til

kassa

ariannwr

pulhanaçy

rhestr siopa

satyn alynmaly zatlar

oriau agor

iş wagty

waled

gapjyk

cerdyn credyd

karz karty

bag

sumka

bag plastig

polietilen paket

dŵr

suw

sudd

şire

llefrith

süýt

côc

koka-kola

gwin

wino

cwrw

piwo

alcohol

alkogol

coco

kakao

te

çaý

coffi

kofe

espresso

espresso

cappuccino

kapuçino

ffrwchledd

banan

afal

alma

oren

pyrtykal

melon

garpyz

lemwn

limon

moronen

käşir

garlleg

sarymsak

bambŵ

bambuk

nionyn

sogan

madarchen

kömelek

cnau

hoz

nwdls

un aş

sbageti

spagetti

reis

tüwi

salad

işdäaçar

sglodion

gowurylan ýer alma

tatws wedi'u ffrïo

gowurylan ýer alma

pitsa

pizza

hambyrger

gamburger

brechdan

sendwiç

cytled

üweme

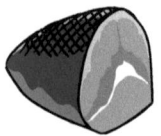

ham

wetçina

salami

salýami

selsig

şöhlat

cyw iâr

towuk

rhost

gowrulyp taýýarlanýan nahar

pysgodyn

balyk

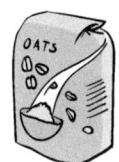

ceirch uwd
süle patragy

miwsli
mýusli

creision ŷd
mekgejöwen patragy

blawd
un

croissant
kruassan

bynsen
bulka

bara
çörek

tost
tost

bisgedi
köke

menyn
ýag

ceuled
dorog

teisen
pirog

wy
ýumurtga

wy wedi'i ffrïo
heýgenek

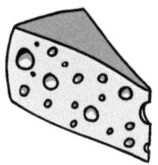

caws
peýnir

hufen iâ

doňdurma

siwgr

şeker

mêl

bal

jam

marmelad

siocled taenu

nogully krem

cyri

karri

fferm
ferma

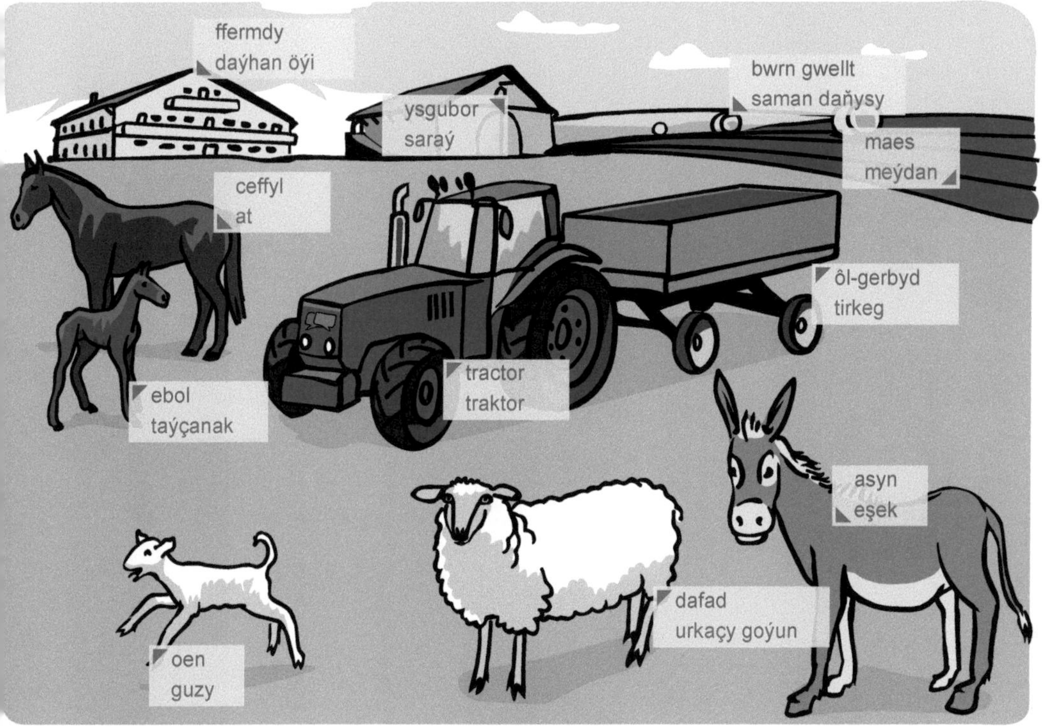

ffermdy
daýhan öýi
ysgubor
saraý
bwrn gwellt
saman daňysy
maes
meýdan
ceffyl
at
ôl-gerbyd
tirkeg
tractor
traktor
ebol
taýçanak
asyn
eşek
dafad
urkaçy goýun
oen
guzy

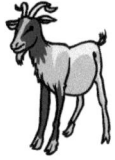

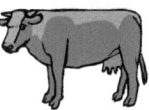

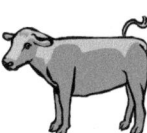

gafr

geçi

buwch

sygyr

llo

göle

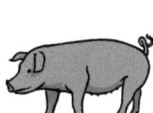

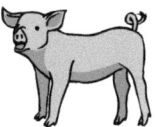

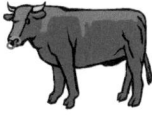

mochyn

doňuz

porchell

jojuk

tarw

öküz

gwydd

gaz

hwyaden

ördek

cyw

jüÿje

iâr

towuk

ceiliog

horaz

llygoden fawr

alaka

cath

pişik

llygoden

syçan

ych

öküz

ci

it

cwt ci

it ýatagy

pibell ddŵr

bag şlangy

can dŵr

guýgyç

pladur

orak

aradr

azal

cryman
orak

fforch chwynu
kätmen

picwarch
dökün çarşagy

bwyell
palta

berfa
galtak

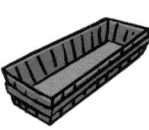

cafn
kersen

tun llefrith
süýt üçin tüññür

sach
halta

ffens
haýat

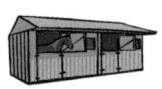

stabl
çörek

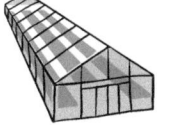

tŷ gwydr
ýyladyşhana

pridd
toprak

hedyn
ekin

gwrtaith
dökün

dyrnwr medi
kombaýn

cynaeafu

hasyl ýygnamak

cynhaeaf

galla

iamau

ýams

gwenith

bugdaý

soi

soýa

tysen

ýeralma

grawn

mekgejöwen

had rêp

raps

coeden ffrwythau

miwe agajy

manioc

manioka

grawnfwydydd

däneli ösümlikler

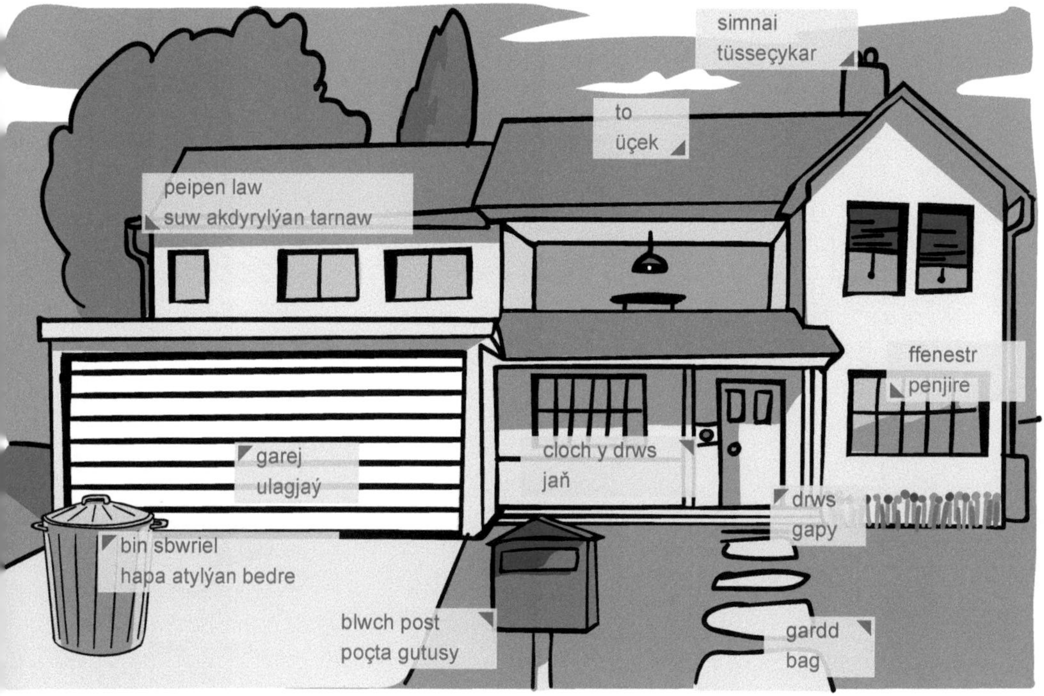

simnai
tüsseçykar

to
üçek

peipen law
suw akdyrylýan tarnaw

ffenestr
penjire

garej
ulagjaý

cloch y drws
jaň

drws
gapy

bin sbwriel
hapa atylýan bedre

blwch post
poçta gutusy

gardd
bag

lolfa

myhman otagy

ystafell ymolchi

wanna otagy

cegin

aşhana

ystafell wely

ýatalga otagy

ystafell plentyn

çaga otagy

ystafell fwyta

naharhana

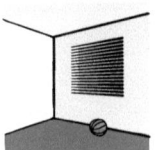

llawr
pol

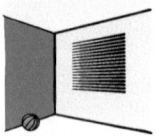

wal
diwar

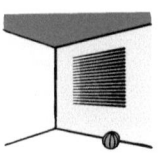

nenfwd
potolok

seler
ýerzemin

sawna
hamam

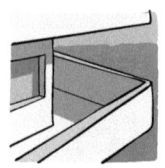

balconi
balkon

teras
eýwan

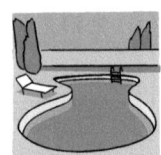

pwll
howdan

peiriant torri gwair
gazon orujy

taflen
ýorgan daşlygy

gorchudd gwely
örtgi

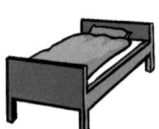

gwely
ýatakça

ysgub
sübse

bwced
bedre

swits
öçüriji

lolfa

myhman otagy

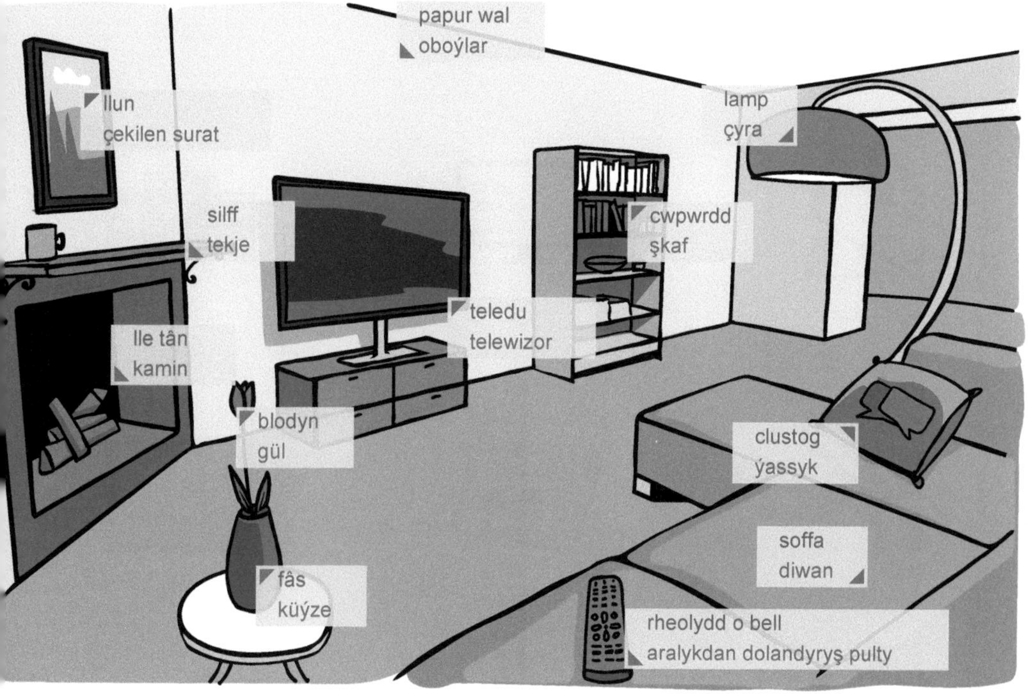

papur wal
oboýlar
llun
çekilen surat
lamp
çyra
silff
tekje
cwpwrdd
şkaf
teledu
telewizor
lle tân
kamin
blodyn
gül
clustog
ýassyk
soffa
diwan
fâs
küýze
rheolydd o bell
aralykdan dolandyryş pulty

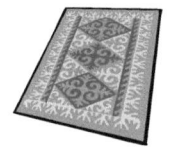

carped
haly

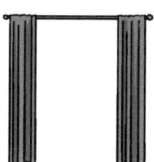

llen
tuty

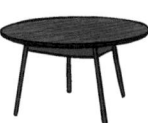

bwrdd
stol

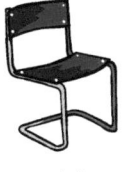

cadair
oturgyç

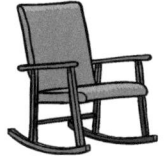

cadair siglo
öňe-yza gaýdýan kürsi

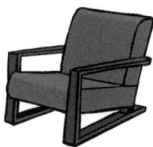

cadair freichiau
kürsi

llyfr

kitap

blanced

örtgi

addurn

bezeg

coed tân

odun

ffilm

film

hi-fi

stereo ulgam

agoriad

açar

papur newydd

gazet

darlun

surat

poster

ündewsurat

radio

radio

llyfr nodiadau

bloknot

hwfer

tozan sorujy

cactws

kaktus

cannwyll

şem

cegin
aşhana

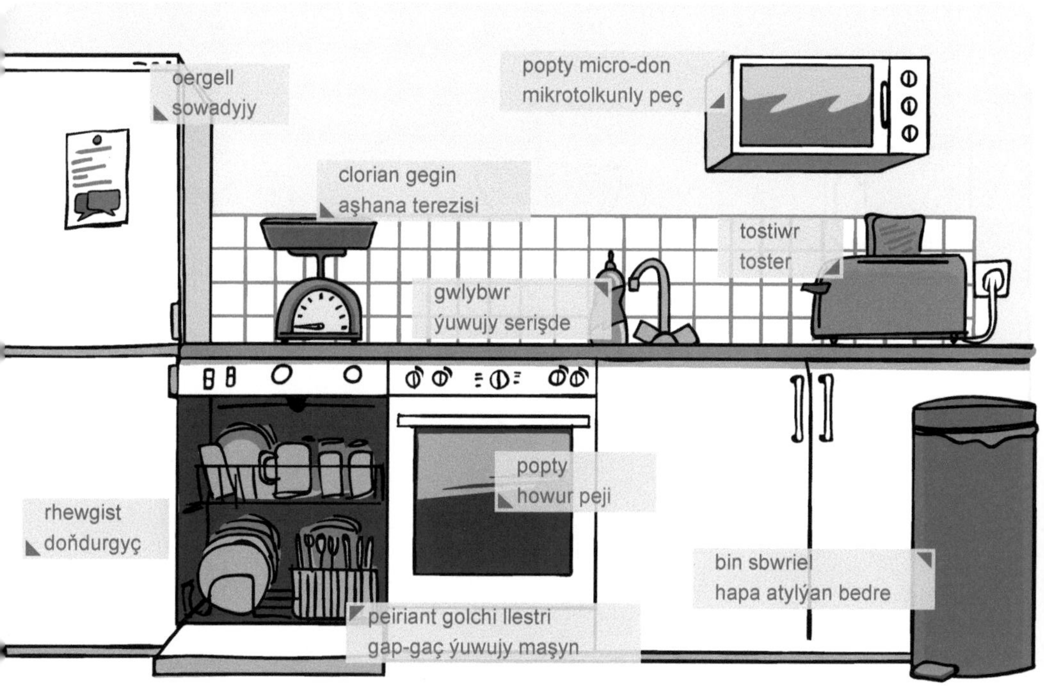
oergell
sowadyjy
popty micro-don
mikrotolkunly peç
clorian gegin
aşhana terezisi
tostiwr
toster
gwlybwr
ýuwujy serişde
popty
howur peji
rhewgist
doňdurgyç
bin sbwriel
hapa atylýan bedre
peiriant golchi llestri
gap-gaç ýuwujy maşyn

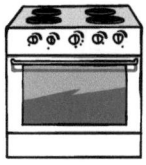

popty
plita

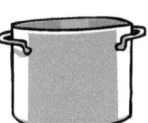

pot
piti

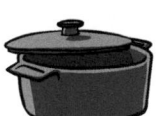

pot haearn bwrw
çoýun gazany

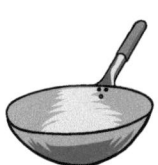

wok / kadai
wok / kadaý

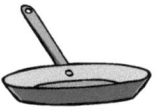

padell
saç

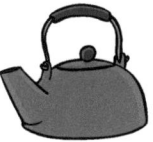

tegell
çäýnek, kitir

sosban stemio

bugda bişiriji

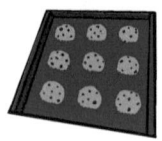

hambwrdd pobi

protiwen

llestri

gap-gaç

mwg

kürşge

powlen

jam

gweill bwyta

nahar iýilýän taýajyklar

lletwad

susak

ysbodol

piljagaz

chwisg

ýaýylýan maşyn

hidlydd

elek

gogr

elek

gratiwr

gyrgyç

morter

soky

barbeciw

gril

tân agored

ot

bwrdd torri cig

tagta

rholbren

oklaw

tynnwr corcyn

ştopor

tun

tüneke banka

peth agor tuniau

konserwa pyçagy

clwt pot

tutguç

sinc

rakowina

brws

çotga

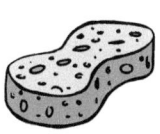

sbwng

gubka

peiriant cymysgu

mikser

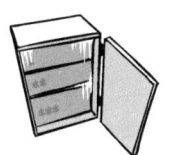

rhewgell

doňdurma kamerasy

potel babi

çagany iýmitlendirmek üçin çüýşejik

tap

kran

ystafell ymolchi

wanna otagy

gwres
ýyladyş
tywel
süpürgiç
cawod
duş
llen gawod
duş üçin tuty
baddon ewyn
köpürjikli wanna
baddon
wanna
gwydr
bulgur
peiriant golchi
kir ýuwulýan maşyn
tap
kran
teils
plitka
potyn
küýze
sinc
rakowina

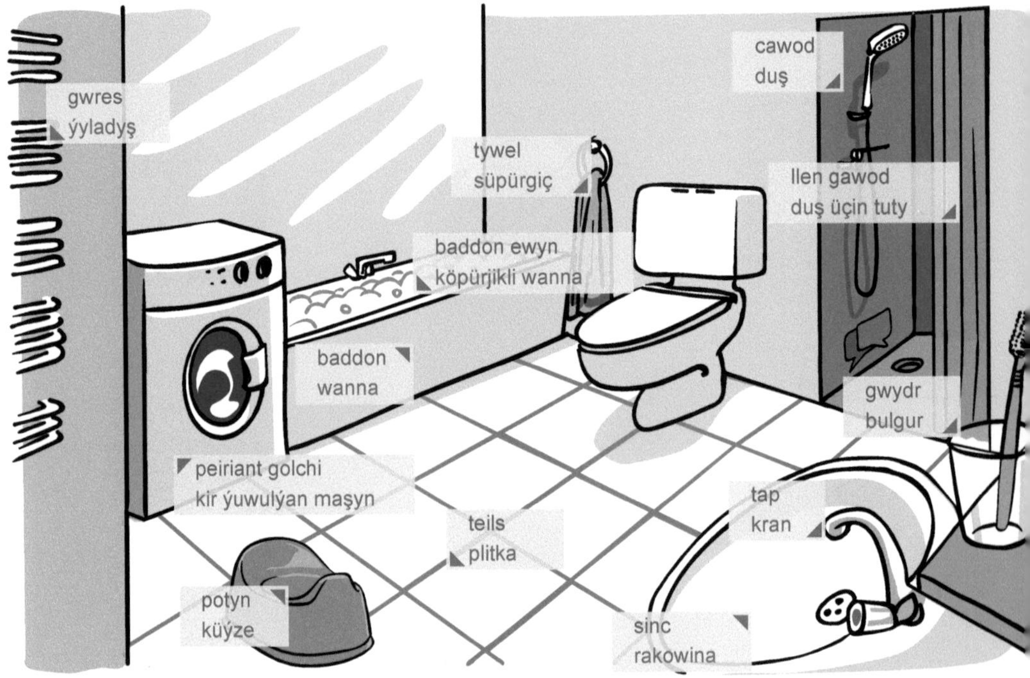

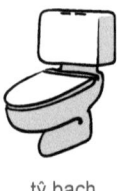

tŷ bach

hajathana

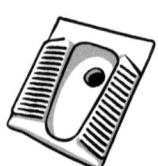

toiled cyrcydu

polda oturdylýan unitaz

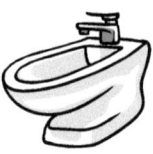

bidet

bide

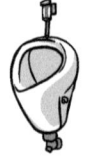

troethfa

pissuar

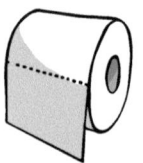

papur tŷ bach

hajathana kagyzy

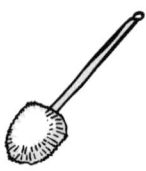

brws tŷ bach

hajathana çotgasy

brws dannedd

diş çotgasy

past dannedd

diş pastasy

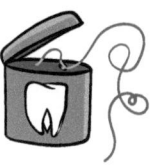

edau ddannedd

diş sapagy

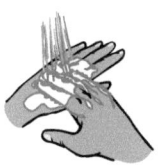

golchi

ýuwmak

cawod llaw

el duşy

golchfa

şahsy duş

basn

legen

brws-ôl

arka üçin çotga

sebon

sabyn

gel cawod

duş üçin gel

siampŵ

şampun

gwlanen

moçalka

ffos

akyş

hufen

krem

diaroglydd

dezodorant

drych

aýna

drych llaw

el aýnasy

rasel

päki

ewyn eillio

sakgal syrmak üçin köpürjik

sent eillio

sakgal syrylanyndan soňky
losýon

crib

darak

brws

çotga

sychwr gwallt

fen

chwistrell gwallt

saç üçin lak

colur

kosmetika

minlliw

dodaga çalynýan reňk

farnais ewinedd

dyrnaga çalynýan reňk

gwlân cotwm

pamyk

siswrn ewinedd

manikýur gaýçysy

persawr

atyr

bag ymolchi

kosmetika üçin gutujyk

stôl

oturgyç

clorian

terezi

gŵn baddon

halat

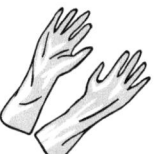

menig rwber

rezin ellik

tampon

tampon

tywel misglwyf

gigiÿena prokladkasy

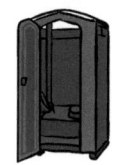

toiled cemegol

biohajathana

ystafell plentyn
çaga otagy

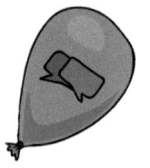

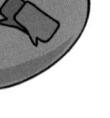

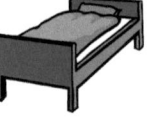

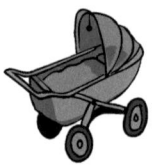

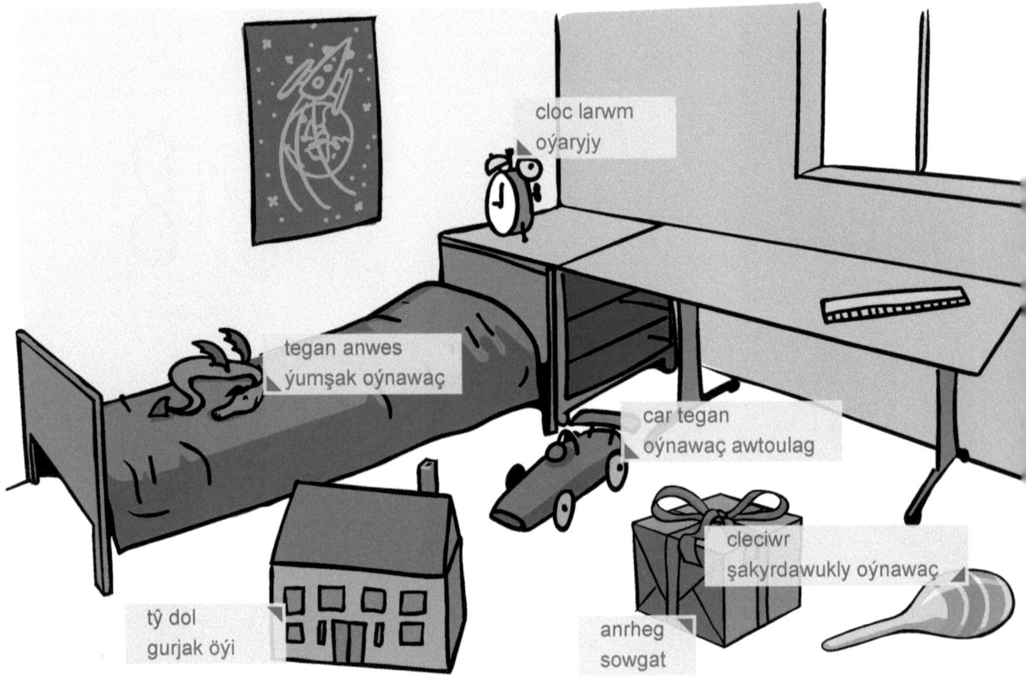

cloc larwm
oýaryjy
tegan anwes
ýumşak oýnawaç
car tegan
oýnawaç awtoulag
cleciwr
şakyrdawukly oýnawaç
tŷ dol
gurjak öýi
anrheg
sowgat

balŵn

howaly şar

gwely

ýatakça

pram

çaga arabasy

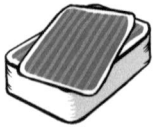

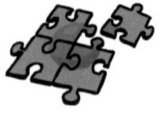

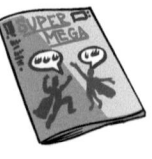

pecyn o gardiau

kart oýny

jig-so

pazl

SUPER MEGA

comic

komiks

brics Lego

Lego kerpiçleri

blociau adeiladu

kubikler

ffigur gweithredu

oýnawaç şekil

babygro

çagalar üçin joraply balak

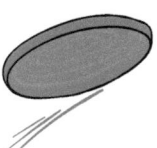

ffrisbi

frisbi

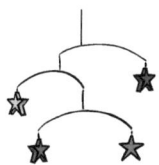

ffôn symudol

mobile

gêm fwrdd

stolüsti oýun

deis

kubik

set model trên

demir ýolunyň modeli

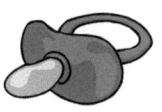

teth lwgu

soska

parti

şagalaň

llyfr lluniau

şekilli kitap

pêl

top

dol

gurjak

chwarae

oýnamak

pwll tywod

çäge aýmança

swing

hiňňildik

teganau

oýnawaç

consol gemau fideo

oýun pristawkasy

beic tair olwyn

üç tigirli welosiped

tedi

plýuşadan aýyjyk

cwpwrdd dillad

egin-eşik üçin şkaf

dillad

egin-eşik

hosanau

jorap

hosanau

çulki

teits

kolgotka

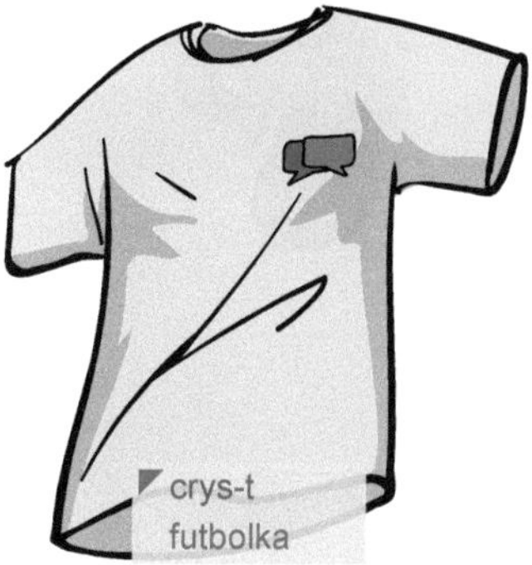

sgarff
şarf

gwregys
kemer

ymbarél
saýawan

crys-t
futbolka

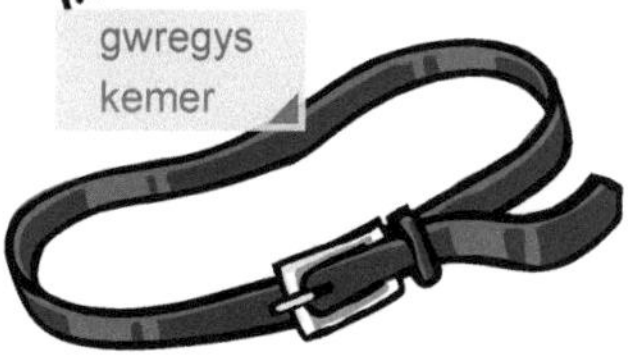

esidiau ymarfer
krossowka

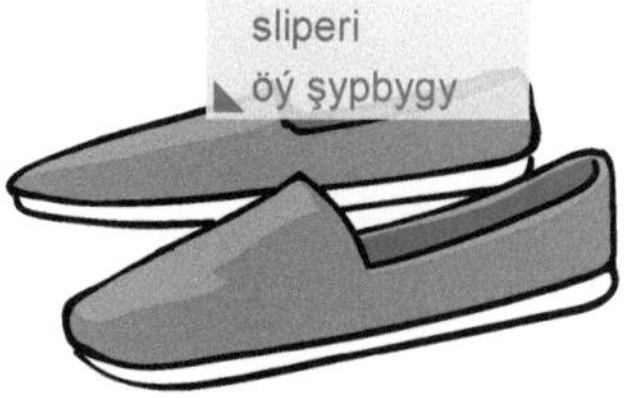

esgidiau
ädik

sliperi
öý şypbygy

sandalau

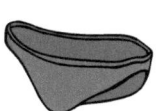

sandaliýa

esgidiau

aýakgap

esgidiau rwber

rezin ädik

trôns

türsük

bra

göwüslik

fest

maýka

corff
bodi

trowsus
jalbar

jîns
jins

sgert
ýubka

blows
bluzka

crys
köýnek

pwlofer
switer

hwdi
switer

blaser
sport keltekçesi

siaced
žaket

côt
palto

côt law
plaş

gwisg
kostýum

gŵn
köýnek

gwisg briodas
toý köýnegi

siwt

erkek üçin kostýum

gŵn nos

ýatyş köýnegi

pyjamas

pižama

sari

sari

sgarff pen

ýaglyk

tyrban

selle

bwrca

perenji

cafftan

kaftan

abaya

abaýa

gwisg nofio

suwa düşmek üçin lybas

trowsus nofio

plawki

siorts

şorty

tracwisg

sport lybasy

ffedog

öňlük

menig

ellik

botwm

ilik

sbectol

äýnek

breichled

bilezik

cadwyn

zynjyr

modrwy

ýüzük

clustdlws

syrga

cap

papak

cambren

geýim asgyç

het

şlýapa

tei

galstuk

sip

syrma

helmed

şlem

fframiau danedd

egnaşyr kemer

gwisg ysgol

mekdep lybasy

gwisg

lybas

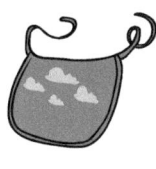

bib

çaga döşlügi

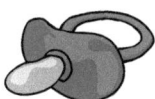

teth lwgu

soska

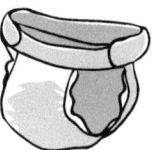

cewyn

arlyk

swyddfa
ofis

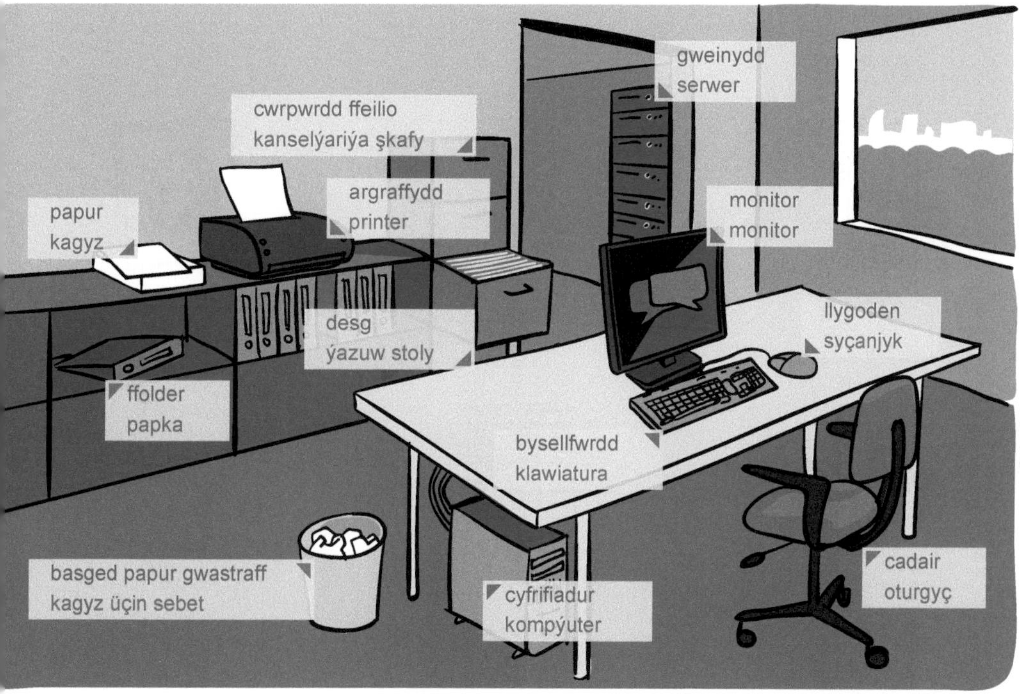
gweinydd
serwer
cwrpwrdd ffeilio
kanselýariýa şkafy
argraffydd
printer
papur
kagyz
monitor
monitor
llygoden
syçanjyk
desg
ýazuw stoly
ffolder
papka
bysellfwrdd
klawiatura
basged papur gwastraff
kagyz üçin sebet
cyfrifiadur
kompýuter
cadair
oturgyç

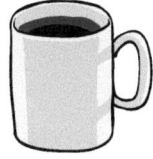

mwg coffi

kofe kružkasy

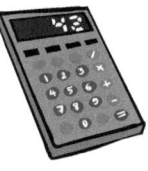

cyfrifiannell

kalkulýator

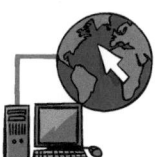

rhyngrwyd

internet

gliniadur

noutbuk

llythyr

hat

neges

habar

ffôn symudol

öÿjükli telefon

rhwydwaith

tor

llungopïwr

kseroks

meddalwedd

programma

teleffon

telefon

soced plwg

rozetka

peiriant ffacs

faks

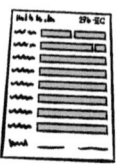

ffurflen

formulýar

dogfen

resminama

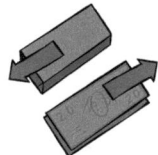

prynu

satyn almak

talu

tölemek

masnachu

söwda etmek

arian

pul

doler

dollar

ewro

ýewro

yen

iena

rwbl

rubl

ffranc y Swistir

frank

yuan renminbi

ženminbi ýuan

rwpi

rupiýa

peiriant arian

bankomat

swyddfa gyfnewid

walýuta çalyşmak üçin bent

aur

altyn

arian

kümüş

olew

nebit

ynni

energiýa

pris

baha

contract

şertnama

treth

salgyt

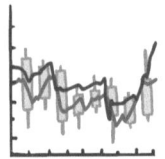

stoc

paýnama

gweithio

işlemek

cyflogai

gullukçy

cyflogwr

iş beriji

ffatri

fabrik

siop

dükan

swyddi
hünärler

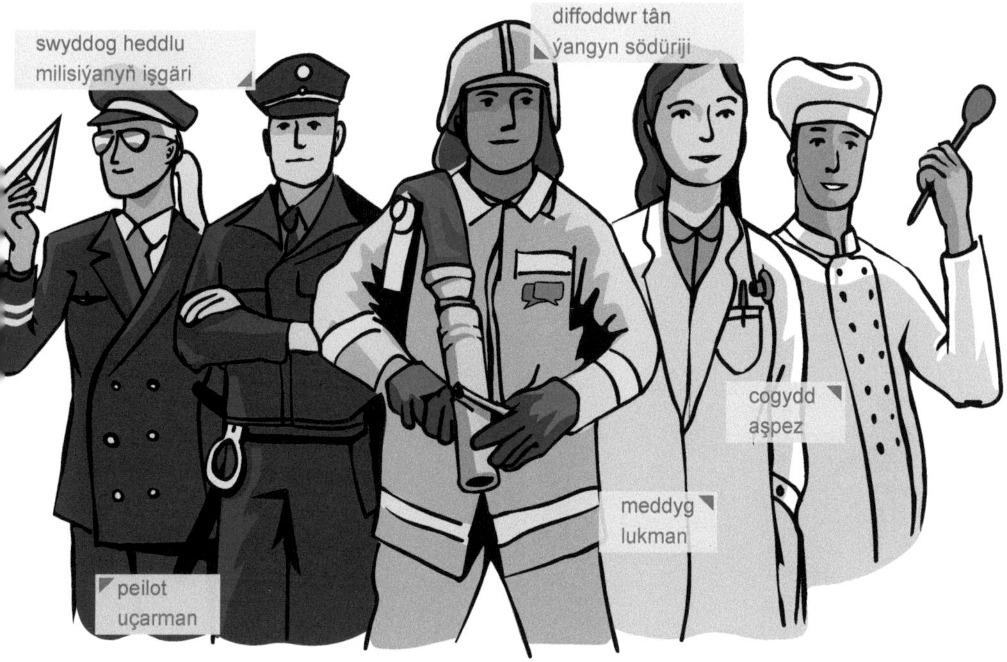

diffoddwr tân
ýangyn söndüriji
swyddog heddlu
milisiýanyň işgäri
cogydd
aşpez
meddyg
lukman
peilot
uçarman

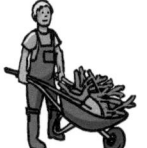

garddwr
bagban

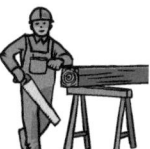

saer
agaç ussasy

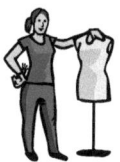

gwniadwraig
tikinçi

barnwr
kazy

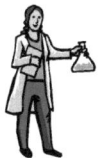

fferyllydd
himik

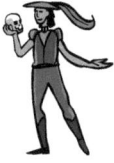

actor
aktýor

gyrrwr bws

awtobus sürüjisi

gyrrwr tacsi

taksiçi

pysgotwr

balykçy

glanhawraig

tam süpüriji

töwr

üçek basyrýan ussa

gweinydd

ofisiant

heliwr

awçy

paentiwr

suratçy

pobydd

çörekçi

trydanwr

elektrik

adeiladwr

gurluşykçy

peiriannydd

inžener

cigydd

gassap

plymiwr

santehnik

dyn y post

hatçy

swyddi - hünärler

milwr

esger

pensaer

binagär

ariannwr

pulhanaçy

gwerthwr blodau

floraçy

triniwr gwallt

dellekçi

archwiliwr tocynnau
rheilffordd

konduktor

mecanydd

mehanik

capten

kapitan

deintydd

diş lukmany

gwyddonydd

alym

rabi

rawwin

imam

imam

mynach

monah

clerigwr

ruhany

offer
gurallar

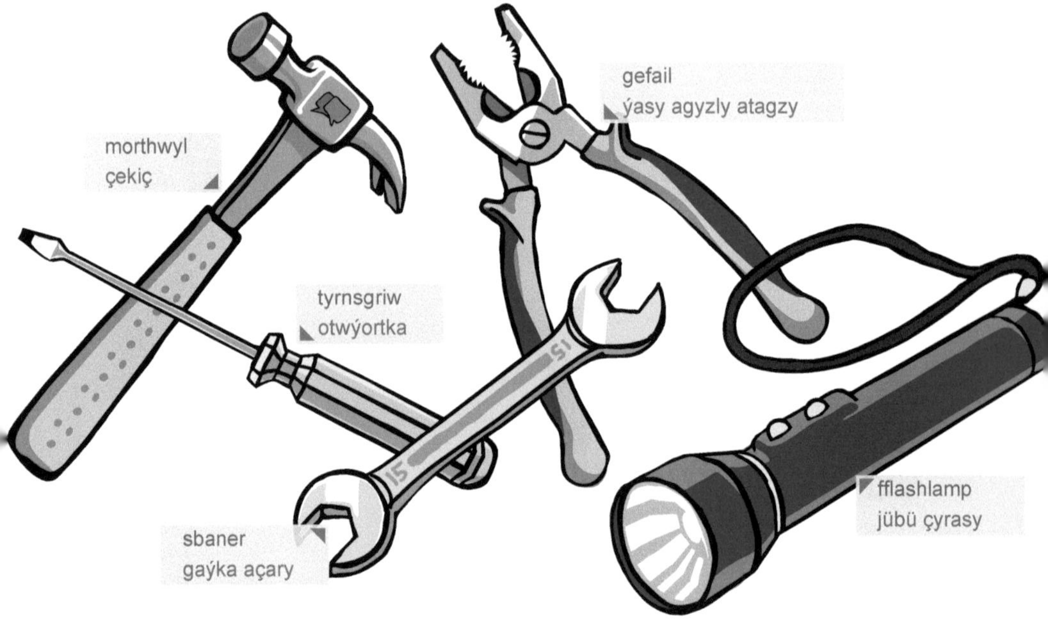

gefail
ýasy agyzly atagzy
morthwyl
çekiç
tyrnsgriw
otwýortka
fflashlamp
jübü çyrasy
sbaner
gaýka açary

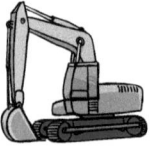

turiwr
ekskawator

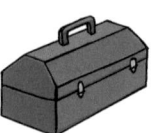

blwch offer
gurallar üçin gap

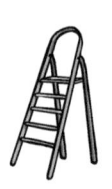

ysgol
merdiwan

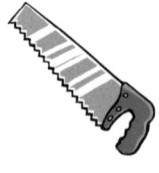

llif
byçgy

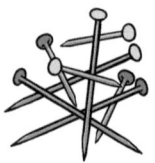

hoelion
çüýler

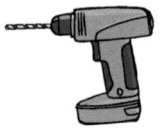

dril
drel

trwsio
abatlamak

rhaw
pil

Daria!
Bolmandyr!

rhaw lwch
susguç

pot paent
boýagly bedre

sgriwiau
nurbatlar

offerynnau cerdd
saz gurallary

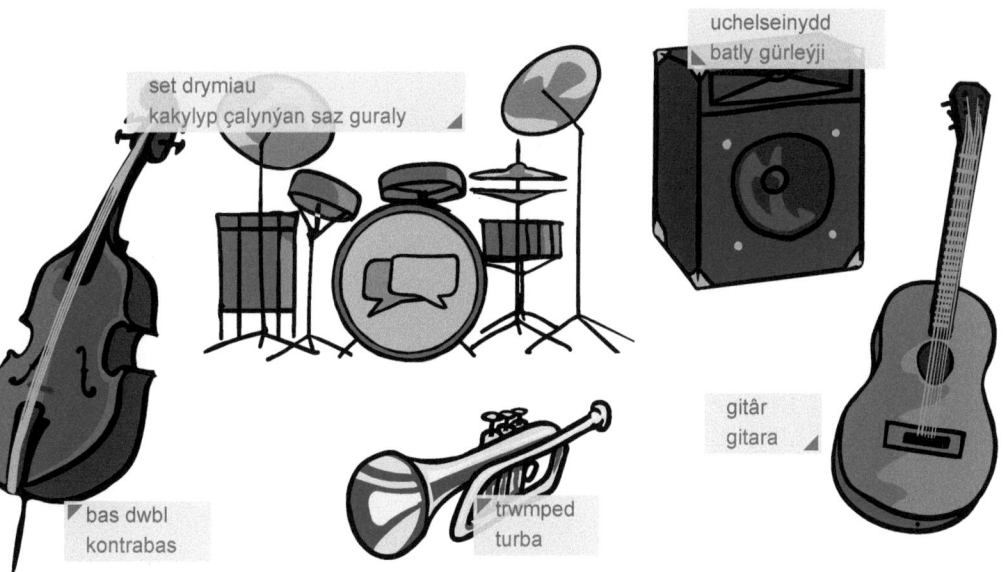

uchelseinydd
batly gürleýji

set drymiau
kakylyp çalynýan saz guraly

gitâr
gitara

bas dwbl
kontrabas

trwmped
turba

piano

pianino

ffidil

skripka

bas

bas-gitara

timpani

nagara

drymiau

deprek

cyweirfwrdd

sintezator

sacsoffon

saksafon

ffliwt

fleýta

meicroffon

mikrofon

haýwanat bagy

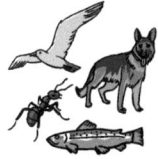

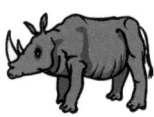

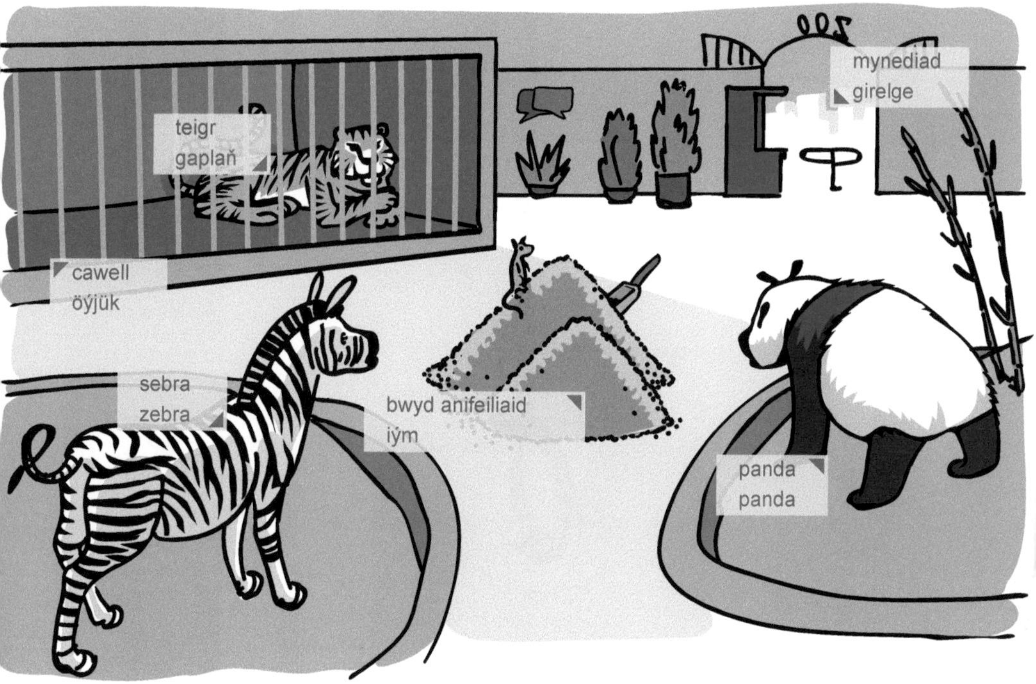
teigr
gaplaň
cawell
öýjük
sebra
zebra
bwyd anifeiliaid
iým
panda
panda
mynediad
girelge

anifeiliaid

haýwanlar

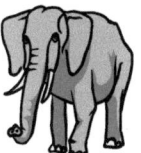

eliffant

pil

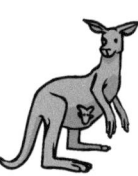

cangarŵ

kenguru

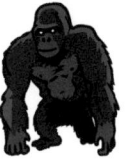

rhinoseros

nosorog

gorila

gorilla

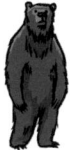

arth

aýy

camel
düýe

estrys
düýeguş

llew
ýolbars

mwnci
maýmyn

fflamingo
gyzylinjik

parot
hindiguş

arth wen
ak aýy

pengwin
pingwin

siarc
akula

paun
tawus

neidr
ýylan

crocodeil
krokodil

gofalwr sŵ
haýwanat bagynyň
gullukçysy

morlo
düwlen

jagwar
ýaguar

merlyn
poni

llewpard
gaplaň

hipo
begemot

jiráff
žiraf

eryr
bürgüt

baedd
ýekegapan

pysgodyn
balyk

crwban
pyşbaga

walrws
suwpişik

llwynog
tilki

gafrewig
jeren

pêl-droed America
amerikan

beicio
tigir sürmek

tennis
tennis

pêl-fasged
basketbol

nofio
ýüzme

bocsio
boks

hoci iâ
hokkeý

pêl-droed
futbol

badminton
badminton

athletau
ýeñil atletika

pêl-law
gandbol

sgïo
lyža sporty

polo
polo

gweithgareddau
hereket

chwerthin
gülmek
neidio
bökmek
cofleidio
gujaklamak
cerdded
gitmek
canu
aýdym aýtmak
breuddwydio
arzuw etmek
gweddïo
dilemek
cusanu
öpmek

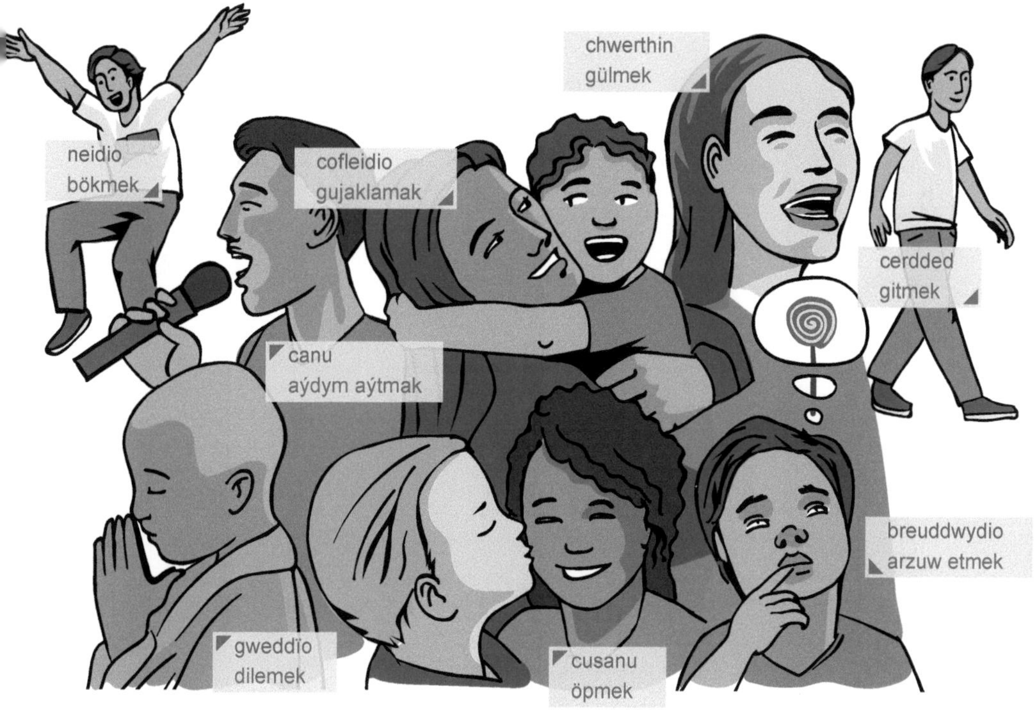

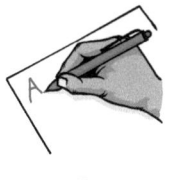

ysgrifennu
ýazmak

tynnu
surat çekmek

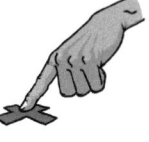

dangos
görkezmek

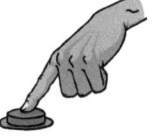

gwthio
basmak

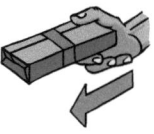

rhoi
bermek

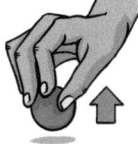

cymryd
almak

bod gan

eýe bolmak

gwneud

etmek

bod

bolmak

sefyll

durmak

rhedeg

ylgamak

tynnu

çekmek

taflu

taşlamak

disgyn

gaçmak

gorwedd

ýatmak

aros

garaşmak

cario

götermek

eistedd

oturmak

gwisgo amdanoch

geýmek

cysgu

ýatmak

deffro

oýanmak

edrych ar

görmek

crïo

aglamak

anwesu

sypalamak

cribo

daramak

siarad

gürlemek

deall

düşünmek

gofyn

soramak

gwrando

diňlemek

yfed

içmek

bwyta

iýmek

tacluso

tertipleşdirmek

caru

söýmek

coginio

taýýarlmak

gyrru

gitmek

hedfan

uçmak

hwylio

ýelkeni ýaýyp gitmek

cyfrifo

hasaplamak

darllen

okamak

dysgu

okamak

gweithio

işlemek

priodi

nikalaşmak

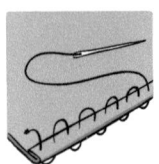

gwnïo

dikmek

brwsio dannedd

dişiňi arassalamak

lladd

öldürmek

ysmygu

çilim çekmek

anfon

ugratmak

teulu
maşgala

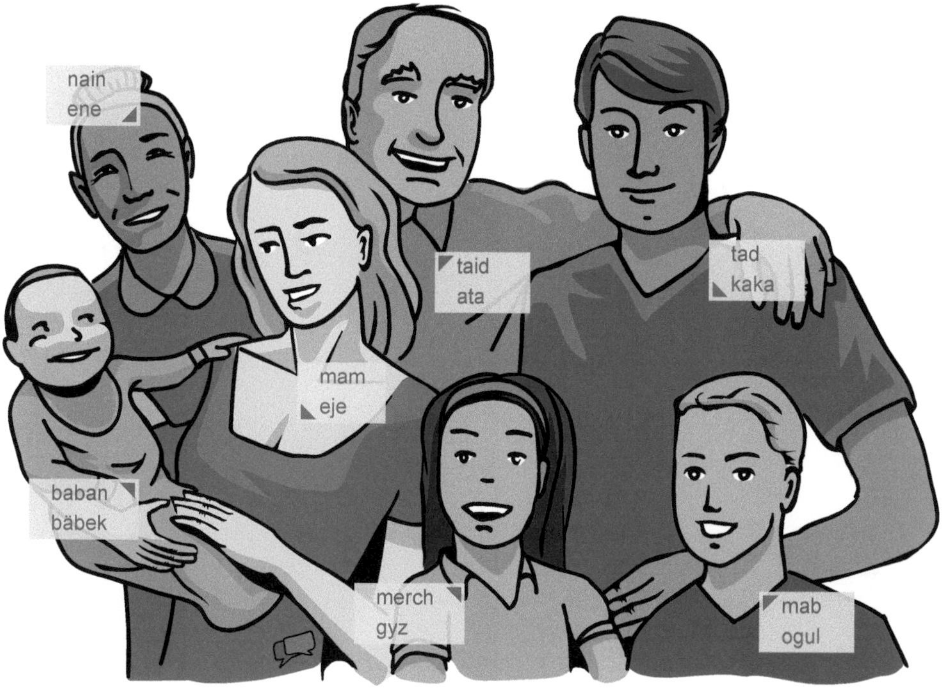
nain
ene
taid
ata
tad
kaka
mam
eje
baban
bäbek
merch
gyz
mab
ogul

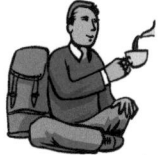

gwestai

myhman

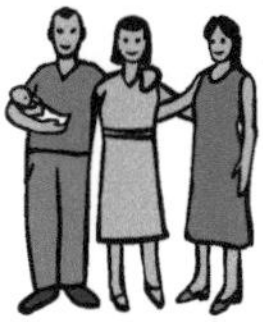

modryb

daýza

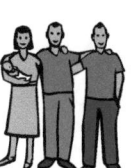

ewythr

daýy

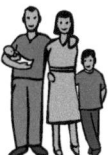

brawd

aga

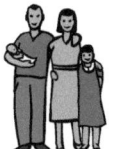

chwaer

uýa

corff

ten

talcen
maňlaý
llygad
göz
ysgwydd
egin
bys
barmak
wyneb
ýüz
gên
äň
llaw
penje
coes
aýak
bron
döş
braich
el

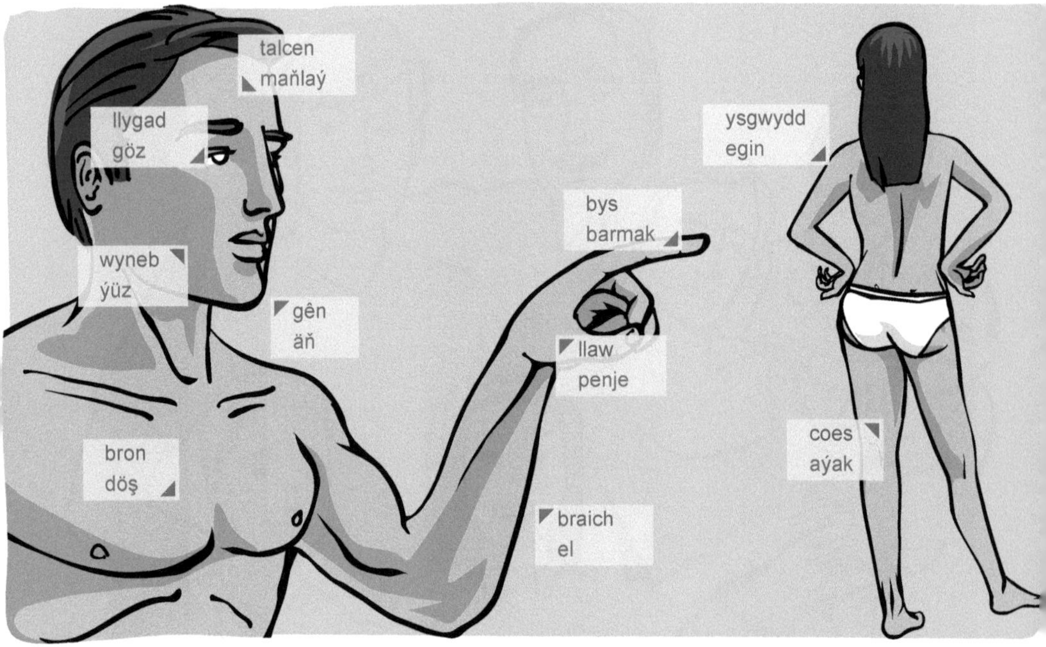

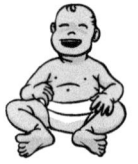

baban
bäbek

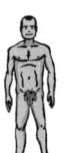

dyn
erkek

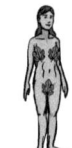

gwraig
aýal

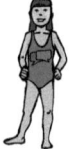

geneth
gyz

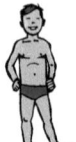

bachgen
oglan

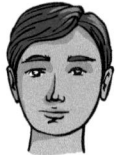

pen
kelle

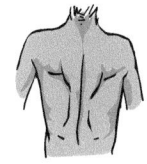

cefn
arka

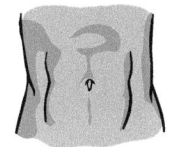

bel
garyn

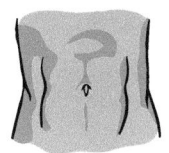

bogail
göbek

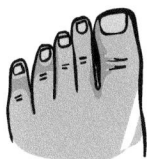

bys troed
aýak barmagy

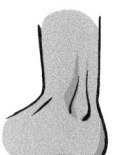

sawdl
ökje

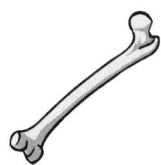

asgwrn
süňk

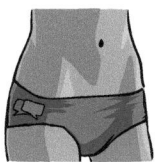

clun
but

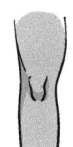

pen-glin
dyz

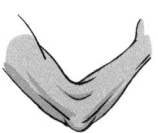

penelin
tirsek

trwyn
burun

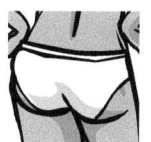

pen ôl
ýanbaş

croen
deri

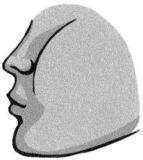

boch
ýaňak

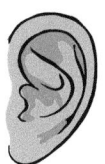

clust
gulak

gwefus
dodak

ceg

agyz

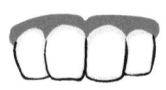

dant

diş

tafod

dil

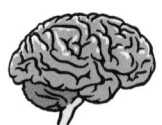

ymennydd

beýni

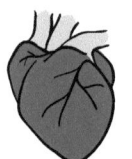

calon

ýürek

cyhyr

myşsa

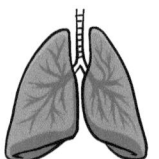

ysgyfaint

öýken

iau

bagyr

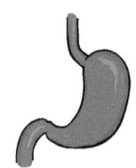

stumog

aşgazan

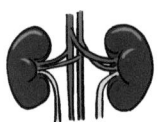

arennau

böwrek

rhyw

jyns ýakynlygy

condom

prezerwatiw

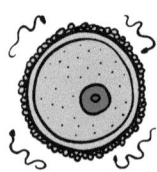

ofwm

erkeklik jyns öýjügi

semen

tohumlyk

beichiogrwydd

göwrelilik

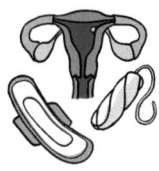

mislif
....
bil açylma

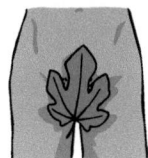

fagina
....
wagina

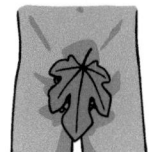

pidyn
....
erkek jyns agzasy

ael
....
gaş

gwallt
....
saç

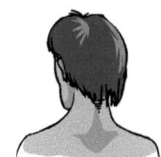

gwddf
....
boýun

ysbyty
hassahana

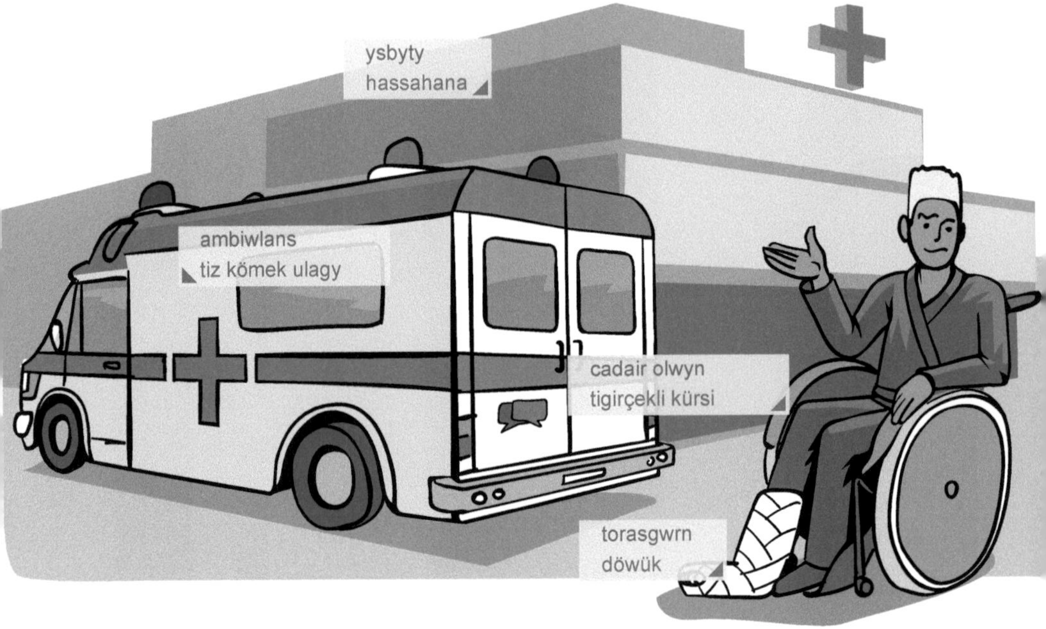

ysbyty
hassahana
ambiwlans
tiz kömek ulagy
cadair olwyn
tigirçekli kürsi
torasgwrn
döwük

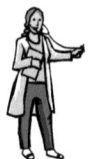

meddyg

lukman

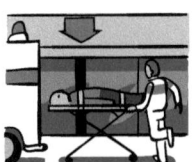

ystafell argyfwng

ilkinji kömek nokady

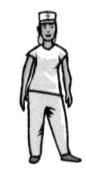

nyrs

şepagat uýasy

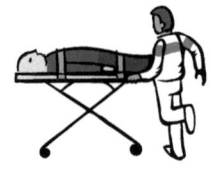

argyfwng

gaýragoýulmasyz ýagdaý

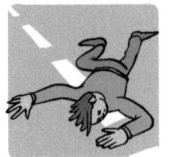

anymwybodol

özüni bilmän

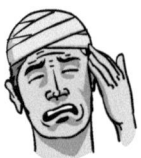

poen

agyry

anaf
zeper ýetme

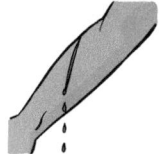

gwaedu
gan akmasy

trawiad ar y galon
infarkt

strôc
insult

alergedd
allergiýa

peswch
üsgülik

twymyn
ýokarlanan temperatura

ffliw
dümew

dolur rhydd
içgeçme

cur pen
kelle agyrysy

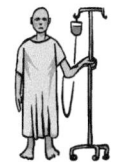

canser
rak

diabetes
diabet

llawfeddyg
hirurg

fflaim
skalpel

gweithrediad
operasiýa

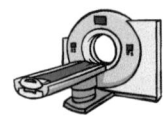

CT

iýmit siňdirýän ortlaryň jemi

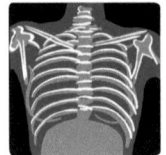

pelydr-x

rentgen

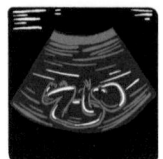

uwchsain

ultrases

mwgwd wyneb

maska

clefyd

kesel

ystafell aros

kabulhana

bagl

pişek

plastr

plastyr

rhwymyn

bint

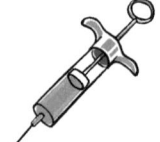

pigiad

sanjym

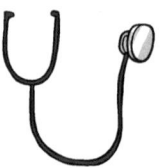

stethosgop

stetoskop

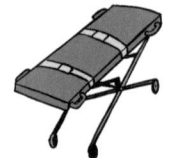

elorwely

zemmer

thermomedr clinigol

termometr

genedigaeth

dogluş

dros bwysau

artykmaç agram

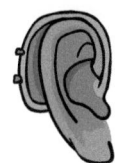

cymorth clyw

eşidiş abzaly

diheintydd

zyýansyzlandyryjy serişde

haint

ýokanç

firws

wirus

HIV / AIDS

WIÇ/ AIDS

meddygaeth

derman

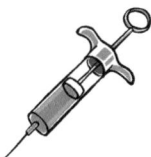

brechiad

öňüni alyş sanjymy

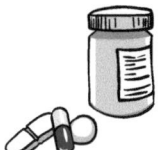

tabledi

gerdejikler

y bilsen

göwreli bolmakdan goraýan gerdejik

galwad frys

gaýragoýulmasyz çagyryş

monitor pwysau gwaed

gan basyşyny ölçeýji abzal

yn sâl / yn iach

näsag / sagdyn

Help!

Kömek ediň!

larwm

howsala signaly

ymosodiad

çozuş

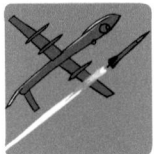

ymosodiad

hüjüm

perygl

howp

allanfa argyfwng

ätiýaçlyk çykalgasy

Tân!

Ýangyn!

diffoddwr tân

ot söndürijisi

damwain

betbagtçylykly ýagdaý

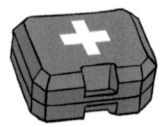

pecyn cymorth cyntaf

derman gutujygy

SOS

SOS

heddlu

milisiýa

Ewrop

Ýewropa

Gogledd America

Demirgazyk Amerika

De America

Günorta Amerika

Affrica

Afrika

Asia

Aziýa

Awstralia

Awstraliýa

Iwerydd

Atlantika ummany

y Môr Tawel

Ýuwaş umman

Cefnfor yr India

Hindi ummany

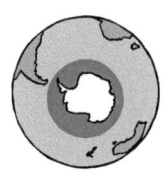

Cefnfor yr Antarctig

Antarktika ummany

Cefnfor yr Arctig

Demirgazyk Buzly umman

Pegwn y Gogledd

Demirgazyk polýusy

Pegwn y De

Günorta polýusy

Antarctica

Antarktida

y Ddaear

zemin

tir

gury ýer

môr

deñiz

ynys

ada

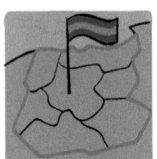

cenedl

millet

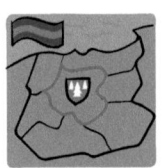

gwladwriaeth

döwlet

wyneb cloc

siferblat

bys awr

sagadyň dili

bys munud

minut görkezýän dil

bys eiliad

sekundy görkezýän dil

Faint o'r gloch yw hi?

sagat näçe?

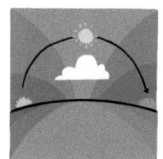

dydd

gün

amser

wagt

yn awr

häzir

cloc digidol

elektron sagady

munud

minut

awr

sagat

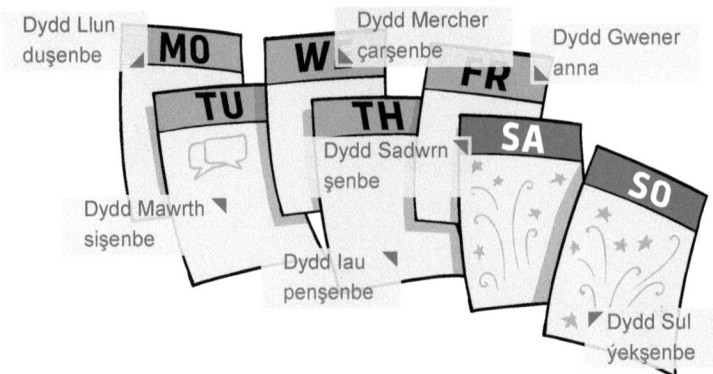

Dydd Llun
duşenbe — MO

Dydd Mercher
çarşenbe — W

Dydd Gwener
anna — FR

TU

TH

SA

SO

Dydd Mawrth
sişenbe

Dydd Sadwrn
şenbe

Dydd Iau
penşenbe

Dydd Sul
yekşenbe

ddoe
düýn

heddiw
şu gün

yfory
ertir

bore
säher

canol dydd
günortan

noswaith
agşamlyk

diwrnodiau busnes
iş günler

penwythnos
dynç günler

glaw
ýagyş

enfys
älemgoşar

eira
gar

gwynt
şemal

gwanwyn
ýaz

hydref
güýz

haf
tomus

gaeaf
gyş

4.APRIL	11°	☀
5.APRIL	4°	☁
6.APRIL	13°	☁
7.APRIL	8°	☀
8.APRIL	10°	☀

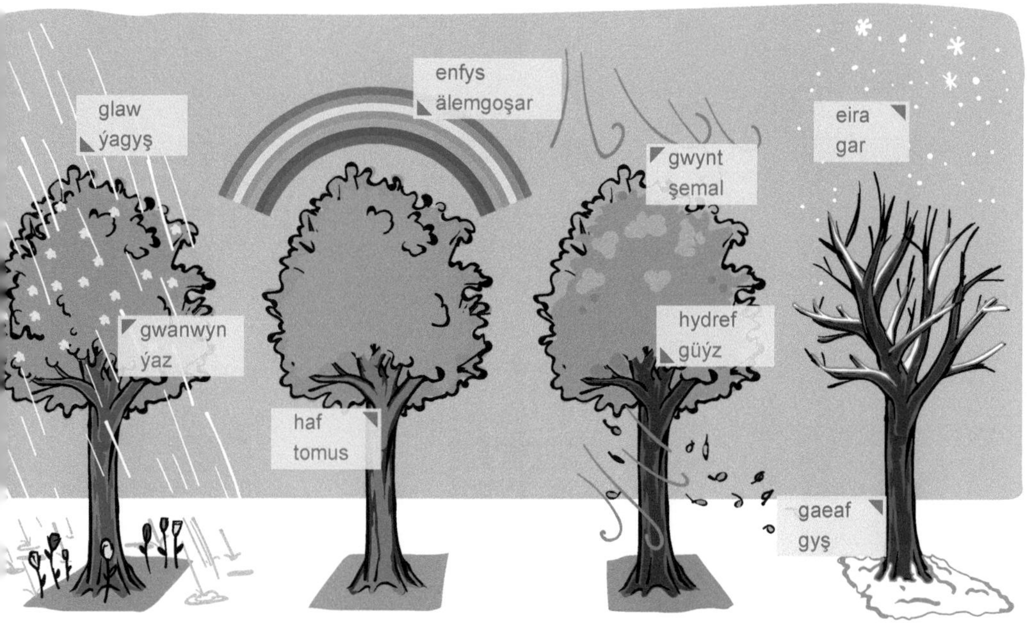

rhagolygon y tywydd

howa maglumaty

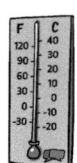

thermomedr

termometr

heulwen

gün ýagtylygy

cwmwl

gara bulut

niwl tew

ümür

lleithder

howanyň çyglylygy

mellt

ýyldyrym

taranau

gök gümmürdisi

storm

tupan

cenllysg

doly

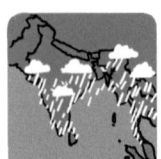

monswˆn

musson

llif

suw alma

iâ

buz

Ionawr

ýanwar

Chwefror

fewral

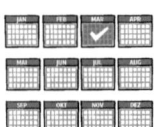

Mawrth

mart

Ebrill

aprel

Mai

maý

Mehefin

iýun

Gorffennaf

iýul

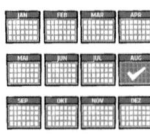

Awst

awgust

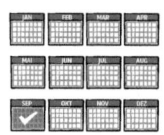

Medi
....
sentýabr

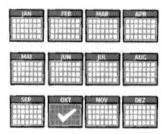

Hydref
....
oktýabr

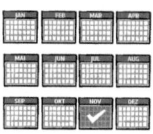

Tachwedd
....
noýabr

Rhagfyr
....
dekabr

siapiau
görnüşler

cylch
....
tegelek

sgwâr
....
kwadrat

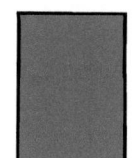

petryal
....
göniburçluk

triongl
....
üçburçluk

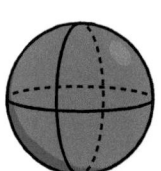

sffêr
....
şar

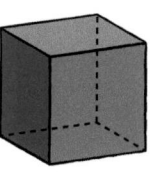

ciwb
....
kub

gwyn
ak

melyn
sary

oren
mämişi

pinc
gülgüne

coch
gyzyl

porffor
liliýa reňkli

glas
gök

gwyrdd
ýaşyl

brown
goňur

llwyd
çal

du
gara

llawer / ychydig

köp / az

dig / tawel

gazaply / asuda

hardd / hyll

owadan / betnyşan

dechrau / diwedd

başy / soňy

mawr / bach

uly / kiçi

llachar / tywyll

açyk / garaňky

brawd / chwaer

oglan dogan / gyz dogan

glân / budr

arassa / hapa

gyflawn / anghyflawn

doly / doly däl

dydd / nos

gündiz / gije

farw / yn fyw

jansyz / diri

eang / cul

giň / dar

bwytadwy / anfwytadwy

iýilýän / iýilmeýän

drwg / caredig

gaharly / dostlukly

llawn cyffro / diflasu

tolgunly / tukat

tew / tenau

çişik / hor

cyntaf / olaf

başda / soňunda

cyfaill / gelyn

dost / duşman

llawn / gwag

doly / boş

caled / meddal

berk / ýumşak

trwm / ysgafn

agyr / ýeňil

wedi newynnu / yn sychedig

açlyk / teşnelik

yn sâl / yn iach

näsag / sagdyn

anghyfreithlon / cyfreithiol

bikanun / kanuny

deallus / twp

akyly / akmak

chwith / dde

çepde / sagda

agos / pell

ýakyn / daş

newydd / wedi'i ddefnyddio

täze / ulanylan

dim / rhywbeth

hiç zat / bir zat

hen / ifanc

garry / ýaş

ymlaen / i ffwrdd

ýakylan / söndürilen

ar agor / ar gau

açyk / ýapyk

tawel / uchel

ýuwaş / gaty

cyfoethog / tlawd

baý / garyp

cywir / anghywir

dogry / nädogry

garw / llyfn

büdür-südür / tekiz

trist / hapus

gamgyly / şatlykly

byr / hir

gysga / uzyn

araf / cyflym

haýal / tiz

gwlyb / sych

öl / gury

cynnes / claear

ýyly / sowuk

rhyfel / heddwch

uruş / parahatçylyk

0

sero
....
nul

1

un
....
bir

2

dau
....
iki

3

tri
....
üç

4

pedwar
....
dört

5

pump
....
bäş

6

chwech
....
alty

7

saith
....
ýedi

8

wyth
....
sekiz

9

naw
....
dokuz

10

deg
....
on

11

un deg un
....
on bir

12

un deg dau

on iki

13

un deg tri

on üç

14

un deg pedwar

on dört

15

un deg pump

on bäş

16

un deg chwech

on alty

17

un deg saith

on ýedi

18

un deg wyth

on sekiz

19

un deg naw

on dokuz

20

dau ddeg

ýigrimi

100

cant

ýüz

1.000

mil

müň

1.000.000

miliwn

million

Saesneg

iňlis

Saesneg America

amerikan iňlis

Tsieinëeg Mandarin

mandarin hytaý

Hindi

hindi

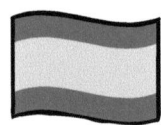

Sbaeneg

ispan

Ffrangeg

fransuz

Arabeg

arap

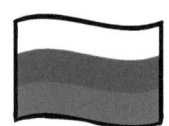

Rwseg

rus

Portiwgaleg

portugal

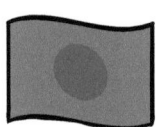

Bengali

bengal

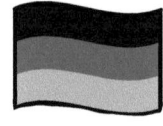

Almaeneg

nemes

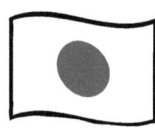

Siapanaeg

ýapon

fi
men

ti
sen

ef / hi
ol (oglan) / ol (gyz) / ol (jansyz zat)

ni
biz

chi
siz

nhw
olar

pwy?
kim?

beth?
näme?

sut?
nähili?

ble?
nirede?

pryd?
haçan?

enw
ady

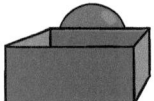

y tu ôl i

yzynda

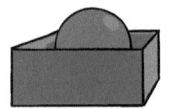

yn / yng / ym / mewn

içinde

o flaen

öňünde

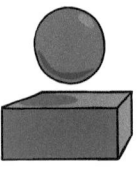

dros

bir zadyň üsti

ar

üstünde

dan

aşagynda

wrth ochr

ýanynda

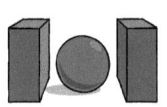

rhwng

arasynda

lle

ýer